Weil eine Welt mit Geschichten
eine bessere Welt ist.

Matthias Strolz

Kraft und Inspiration für diese Zeiten

Life is a story

schreib's auf
story.one

1. Auflage 2020
© story.one – the library of life – www.story.one
Eine Marke der Storylution GmbH

Gesetzt aus Minion Pro und Lato.
© Coverfoto: Andreas Hofer, www.andreas-hofer-fotograf.at
© Fotos: istockphoto.com

Printed in the European Union.

ISBN: 978-3-903715-00-4

Lustvoll singen,
hemmungslos tanzen.

INHALT

Ich komme zu mir.   9

Warum ich? Warum gerade jetzt?   13

Mensch, was bin ich?!   17

Blühe, du schöpferisches Wesen!   21

Ich bin verletzlich. Ich bin befreit.   25

Bewusst. Oder Sackhüpfen im Sumpf.   29

Loslassen. Die leere Hand.   33

Wovor hast du Angst?   37

Berufung. Wenn unsere Seele tanzt.   41

Unsere Dreifaltigkeit – Kopf, Herz, Bauch.   45

Ich will eine Glücksministerin.   49

Sex, Geld, Tod – Tabu und Lebendigkeit.   53

Schönheit und Anmut.   57

Ja, es tut weh. Aufbruch folgt.   61

Es wird heftig. Und irgendwann wieder gut.   65

Mein Tempel des Lebens.   69

Gönne dich dir selbst!   73

Ich komme zu mir.

In dunkler Nacht ist ein Komet niedergegangen. Mitten ins Leben. In seinem Schweif sprießen Himmelschlüssel.

Dieses Bild bekam ich heute in der Früh. Es sind heftige Zeiten. Die Tagesnachrichten überstürzen sich mit Zahlen, Daten und Fakten zur Krise. Die Sozialen Medien sind voller Emotion und Verschwörungstheorien. Die Verunsicherung wächst allerorts.

„Und du so?", frage ich mich auf dem Weg durch die Morgensonne. „Was heißt es für mein Leben?" Veranstaltungsabsagen, Arbeitslosenzahlen, Schutzmasken, Nachrichten von Freunden, Versammlungsverbote, Hilferufe, Durchhalteparolen, gemeinsames Essen, frohes Lachen unserer Kinder … Mein Verstand beginnt zu galoppieren. Emotionen gesellen sich dazu. Es ist ein Kampf zwischen Aggression und Zuversicht. Was davon wird wachsen?

Ich betrachte einen abgeschlagenen Holzstern. Da liegt er, in unserem Garten. Bedeckt mit Schneekristallen. Aus frostiger Nacht taucht er hell funkelnd in den Tag, umringt von Frühlingsblumen. „Der Komet hat schöne Blüten im Schweif", fällt mir auf. „Ich will nicht ausrinnen an der Social-Media-Front", sag' ich mir. Zuletzt hatte ich ganze Tage damit zugebracht zu posten, Interviews zu geben, Gastkommentare zu schreiben, zu kritisieren, zu kämpfen. Ich hänge am Tropf der Nachrichten wie ein Junkie. Die tägliche Informationswalze füllt meinen Kopf bis zum Platzen. Nun tropft sie auch ins Herz. „Ich spüre Enge. Herzschmerzen", berichtete ich meiner Frau gestern Abend. „Ich werde was ändern", ist der Gedanke, mit dem ich einschlafe.

„Was tut mir gut in diesen Zeiten?", frage ich mich, als ich aufwache. Mäßigung in der Informationsaufnahme und im Social-Media-Konsum. Weniger Weltverschwörung, mehr Begegnung mit der Natur. Hinaus in die Sonne. Den Vögeln bei ihrem Morgenkonzert lauschen. Ich schlüpfe in meine Waldviertler Wanderstiefel und bringe mich in Bewegung. Ich will bewusster wahrnehmen. Sehen, hören, spüren. „Ich schau mir jetzt den Frühling an!" Freude steigt auf.

Ich werde zu mir kommen. „Du bist ein Gärtner des Lebens, ein divine architect. Kultiviere Formen und Felder sämtlicher Art … Folge deiner Intuition. Wenn es die Situation nahelegt oder deine innere Stimme dich dort hin ruft, komme ganz zu dir. Hier bist du geborgen vor allem Ungemach." So steht es in meinem „Lied des Lebens", das ich bei meinem fünftägigen Aufenthalt im Wald vor rund neun Jahren bekommen habe. Dieses Lied hat mich gut durch all die letzten Jahre geleitet – durch den Abschied aus meinem Unternehmen, die Parteigründung, die Zeit im Parlament und zuletzt hinein in mein neues Sein und Tun – als Autor, Publizist und Impact-Unternehmer.

„Verlasse dich auf dein Wesen … Suche nicht, finde. Sei bereit. Alles kommt zu dir. Sei aufmerksam, sei wachsam. Entscheide." Die Gestalt eines Buches steht auf in meinem Herzen. Es weitet sich. „Ich werde Himmelschlüssel sammeln", sag' ich mir. Ich habe entschieden.

Warum ich?
Warum gerade jetzt?

Auf meinem Mittagsspaziergang bin ich heut' in ein Hundsträmmerl gestiegen. Ja, Hundekot. Frisch gemacht.

„Warum ich? Warum muss das mir passieren? Warum gerade jetzt?" Wir alle kennen diese Selbstgespräche. Nicht nur mit Blick auf unseren Schuh. Auch im größeren Stil, so Krisen-Style: Ich habe mich gerade beruflich neu erfunden. Nach einem Jahr Aufbauarbeit war ich dort, wo ich hinwollte. Und nun? Ein Virus später …

Jetzt könnte ich mich maßlos ärgern – über das Kleine wie das Große. Doch ich habe beschlossen, mein Gesicht in die Frühlingssonne zu halten. Meine – wirtschaftliche und schuhmäßige – Sohle anzunehmen. Ich pfeif' aufs Warum.

Warum? Weil diese Frage nicht hilfreich ist. Sie liefert uns keine befriedigenden Antworten. Viktor Frankl als Begründer der Logotherapie meinte, dass uns bei inneren oder äußeren Bedingungen, an denen wir nichts ändern können, die Frage nach dem Warum mehr blockiert als weiterbringt. Weil sie den Fokus auf die Vergangenheit und das Problem legt.

Energy flows, where attention goes – die Energie fließt dorthin, wohin wir unseren Aufmerksamkeitsfokus richten. Mit dem Warum bleiben wir im Problem gefangen. Wir kreisen um Ärger, Enttäuschung, Schmerzen. Wir finden keinen Ausweg.

Jene, die gerade Schmerz erfahren, könnten nun einwenden: „Danke fürs Gscheiterln. Kannst du behalten, Theoretiker!" Doch Viktor Frankl war ein ziemlicher Praktiker. Er überlebte vier Konzentrationslager, darunter Auschwitz. Er plädierte dafür, den Fokus auf die gestaltbare Zukunft zu lenken: „Wozu fordert mich das Erlebte heraus?" So wechseln wir von der Opferhaltung in die Rolle des Gestalters. Wir werden vom Statisten zum Regisseur, von der Passagierin zur Pilotin unseres Lebens.

Wenn ich Verantwortung für meine Antworten übernehme, gehe ich in die Freiheit, mein Leben selbst zu gestalten. Auf unserer Plattform story.one hat Gregor Demblin gerade damit begonnen, Geschichten von Menschen mit Behinderungen zu sammeln. Über 15 Millionen Betroffene allein im deutschen Sprachraum sind derzeit eine besondere Risikogruppe. Wie organisiert man Beruf und Alltag, wenn persönliche Assistenz ausbleibt oder dringend benötigte Medikamente schwer zu kriegen sind?

Die Erzählungen sind berührend, voller Kraft. Gregor selbst ist so eine Geschichte. Während seiner Maturareise war es ein Sprung ins Meer, der ihn in die Querschnittslähmung führte. Es war ein wildes Ringen mit seinem Schicksal, erzählte er mir. „Warum muss ich weiterleben?", habe er sich damals gefragt. Heute ist er Ehemann, vierfacher Vater, vielfach ausgezeichneter Unternehmer.

Die letzte Freiheit, die uns immer bleibt, ist die Haltung, die wir zu den Umständen einnehmen. Im Großen wie im Kleinen. Mein Hundstrümmerl hab' ich gleich zum Anlass genommen zu trainieren. Glücklich und zuversichtlich zu sein kann man üben. Ich habe mich über die Blumen am Wegrand gefreut.

Mensch, was bin ich?!

Was ist der Mensch? Eine kurze Frage – mit großen Auswirkungen. Je nachdem, wie wir sie beantworten. Deine persönliche Antwort ist der Dreh- und Angelpunkt deines Lebens. Gerade in Zeiten grober Verwerfungen sind wir eingeladen, uns dieser Frage zu widmen. Kommen wir zu neuen Antworten, dann bebt unsere Welt. Unser Sein und Tun verändern sich, unser Alltag wird aus den Fugen gehoben. Wir begeben uns auf eine neue Ebene.

Ich halte uns Menschen für außerzeitliche Wesen, die mit der Ankunft auf diesem Planeten in einen vergänglichen Körper schlüpfen. Damit binden wir uns für die Dauer unseres irdischen Daseins in Raum und Zeit. Unser Wahrnehmungsapparat und Denken verschleiern den Blick in die Unendlichkeit und auf das kosmische Ganze. Wir begeben uns in das Abenteuer Menschsein. Hineingeboren in vielfältige Spannungsbögen, entfaltet sich Lebendigkeit.

Hell und Dunkel. Sie sind unverhandelbarer Teil von uns. Die Angst, die Verzweiflung, das Misstrauen, der Hass, die Missgunst, der Neid, die Aggression – sie sind angelegt, in jeder und jedem von uns. Ebenso die Liebe, das Mitgefühl, der Frohmut, die Zuversicht, die Anteilnahme, die Lebensfreude. Es steht nicht in unserer Macht, Hell oder Dunkel zu beseitigen. Aber es steht in unserer Macht, sie zu kultivieren, sie zu nähren, sie in Schranken zu weisen.

Sachzwänge dirigieren uns, Hormone steuern uns, Erziehung prägt uns, das politische System lenkt uns … und wir bleiben wundersame Geschöpfe des freien Willens. „I am the master of my fate: I am the captain of my soul", schrieb der englische Schriftsteller William E. Henley. Er beschreibt dabei sein Ringen mit der Knochentuberkulose und den Kampf um sein zweites Bein, nachdem ihm das erste abgenommen wurde.

Ich musste an diese Zeilen denken, als ich vor einiger Zeit in Soweto – im Südwesten von Johannesburg – vor dem ehemaligen Wohnhaus von Nelson Mandela stand. „Ich bin der Meister meines Schicksals. Ich bin der Käpt'n meiner Seele." Das war eines seiner Mantras, aus denen er während seiner 27 Jahre Haft als politischer Gefangener Kraft und Trost schöpfte. Er hat die Freiheit in seiner Gefangenschaft nie ganz verloren. Und er war vielfach gebunden, als er schlussendlich wieder frei war. Ich sehe sein Lächeln auf einer Teepackung, die als Souvenir auf meinem Schreibtisch steht. Ich höre die vielen Zweifel, die mir schwarze SüdafrikanerInnen in Gesprächen über Madiba, ihren Tata, ihren großen Vater, berichteten. Er habe zu viele Kompromisse geschlossen, meinten sie. Das hat mich sehr beschäftigt, berührt.

Nein, es gibt kein menschliches Leben ohne Ambivalenz. Sie ist schon bei Kindern angelegt: Sie gehen in Wettbewerb und Kooperation. Sie sind laut und leise. Kuschelig und abweisend. Kraftvoll und müde. Engelhaft und Nervensägen. Frohlockend und traurig … Und jeder Spannungsbogen ist ein Trampolin für Lebendigkeit.

Menschenkinder eben. Wundersame Wesen auf Besuch auf einem wunderbaren Planeten.

Blühe, du schöpferisches Wesen!

Was mich am Menschsein am meisten fasziniert – unsere Üppigkeit an Potenzial. Kein anderes Lebewesen kann so viel Verschiedenes sein und werden. Wir baden im Überfluss an Talent und Möglichkeit. Manchmal drohen wir darin auch zu ertrinken. Noch nie waren wir mehr gefordert, uns selbst gut zu führen, um nicht auf Abwege zu kommen. Dies gilt insbesondere in Zeiten großer Verwerfungen, in die wir gerade hineinwachsen.

Wir Menschen sind zutiefst schöpferische Wesen. Jede und jeder von uns. Wir sind stetes Werden. An keinem Tag sind wir dieselben. Auch wenn es körperlich nicht den Anschein hat – wir entwickeln uns bis zum letzten Atemzug. Keine Generation zuvor in der Geschichte unserer Spezies hatte eine so große Auswahl bei der Lebensgestaltung. Doch auch nie zuvor gab es so viel dunkle Verlockung.

Ob wir konstruktive oder destruktive Wege gehen, bestimmen wir selbst mit. Ignoranz, Arroganz, Sucht, Burn-out … – alle sind angelegt in uns. Und alle können „aufblühen", wenn wir die entsprechenden Entscheidungen treffen. Gleichermaßen können sich Lebensfreude, Zufriedenheit, Dankbarkeit und Liebe prall entfalten, wenn wir sie achtsam kultivieren. Daher sollten wir in unseren Schulen das Fach „Lebensführung" als essenzielle Kulturtechnik einführen.

„Deine Berufung liegt dort, wo deine Talente die Bedürfnisse der Zeit treffen", sagte schon Aristoteles. Gelegentlich frage ich auf meinen Vortragstouren Jugendliche: „Was sind deine Talente?" Eingeschüchterte Blicke: „Hm ... das weiß ich nicht." Also stelle ich denselben jungen Menschen die Frage: „Wo bist du schlecht? Wo können wir dich nicht brauchen?" Da beginnen sie zu sprudeln, erzählen von ihren vielfältigen Erfahrungen, wo wir ihnen mit dem Rotstift drübergefahren sind. Dieses Elend können wir stoppen. „Kein Kind beschämen!", ist eine der Leitlinien in finnischen Schulen. Das wäre schon mal ein Anfang.

Die Talente, die in uns stecken, wollen in die Entfaltung. Das ist die Grundrichtung des Lebens. Auch wenn wir mit „verkühlten Wurzeln" starten, können wir prächtige Lebensbäume werden. Oft sind es Krisen, die uns in Neuerfindung stürzen. Wer nicht PassagierIn, sondern PilotIn des eigenen Lebens sein will, widmet sich dieser Neu(er)findung bewusst. Dies beginnt mit Innehalten, Wahrnehmen, Bewusstwerden. Dann folgt das aufmerksame Loslassen. Über die Verbindung mit unserer Berufung und der Stimme des Herzens wachsen wir in die Formgebung. Klarheit an unserem „inneren Ort" übersetzt sich dabei in äußere Formen. Das, was sich bewährt, wächst schlussendlich in die Verkörperung. Meisterschaft.

Bei unserem Neuerfinden können wir aus dem Vollen schöpfen. Das Leben wuchert eben mit Potenzial. So wie die Kirschbäume im Frühjahr. Sie blühen so üppig, dass ich auch heuer wieder staunend davorstehe. Nicht aus jeder Blüte wird eine Frucht. Aber jede Blüte feiert das Leben. Und ohne Blüten im Frühling keine Früchte im Sommer. Also blühet, ihr Menschenkinder!

Ich bin verletzlich.
Ich bin befreit.

Es gab Zeiten, da war ich Sturm und Drang. „Was will ich vom Leben?", fragte ich mich. Ich wollte viel. Heute will ich weniger, dafür bin ich mehr. Ich bin bereit. Ich sage öfter Nein.

Es gab Zeiten, da wollte ich kämpfen. Heute nicht mehr so sehr. „Was will das Leben von mir?", frage ich mich. Ich will fließen – mit allem, was ich bin, kann und will. Ich bin achtsamer. Ich schaue genauer, höre genauer, spüre genauer.

Das Müssen ist weniger geworden. Das Fragen mehr. Was macht mich aus? Was ist mein Wesenskern? Wo liegt meine Größe? Was sind meine Talente? Was bedeutet für mich Reichtum? Wo spüre ich am meisten Lebendigkeit und Leidenschaft? Was kann und will ich entfalten? Was ist die höchste Version von mir selbst? Worauf und auf wen muss und will ich antworten? Was kann und will ich der Welt geben?

Ich bin verletzlicher geworden. In den letzten Wochen haben mich die krisenhaften Verwerfungen sehr beschäftigt. Ich war auf meinen Social-Media-Kanälen sehr präsent, habe zahlreiche Medientermine „bestritten". Ich war bewegt. Ich war besorgt. Ich kam ins Kämpfen. Ein Echo früherer Zeiten stieg hoch. Ich war im Zwiegespräch mit meinem Körper, meinem Geist, meinem Wesenskern: „Muss das jetzt sein? Will ich das?" Ich sagte Ja. Die kritischen Stimmen hatten bitterlich gefehlt. Nun sind sie wieder da. Ich halte sie für wichtig. Für essenziell für eine Demokratie. Nun muss ich nicht mehr. Ich bin befreit.

Der Kampf geht nie ohne Verletzungen vorüber. Wenn ich kämpfe, zeige ich mich. Dies führt auch immer wieder zu einem „vulnerability hangover", einem Verletzlichkeitskater. Das ist ein Gefühl der Beklemmung, das den Momenten folgt, an denen ich mich voll und ganz öffne. Ich kenne diesen Kater, er bedrängt mich mitunter. Aber irgendwie mag ich ihn auch. Er erinnert mich daran, dass ich lebendig bin.

Und dann gibt es auch jene Verletzungen, die mir andere Menschen vorsätzlich zufügen. Als ich nach einem abendlichen TV-Auftritt letzte Woche noch auf Twitter unterwegs war, begegnete mir ein Troll, der das Foto des aufgebahrten Leichnams meines Vaters in seinem Profilbild hatte. Es fuhr mir durch Haut und Knochen, meinen toten Papa so liegen zu sehen. In seinem Profilnamen nahm er Bezug auf mich und den Leichnam meines Vaters. Ich musste mehrfach hinschauen, um es glauben zu können.

Das Foto hatte dieser Jemand offensichtlich aus einer Fernsehsendung herausgeschnitten, die ich letztes Jahr zu Allerheiligen zum Thema „Der Tod als Coach des Lebens" gestaltet hatte. „Was will dieser Mensch damit bezwecken? Was will er von mir?", fragte ich mich. Ich weiß nicht, was alles. Aber unter anderem wollte er mich verletzen. Das hat er geschafft. Es hat wehgetan.

Ich habe mit meinem Vater gesprochen. Auch mit meinem „inneren Ort". Ich gehe dorthin, wo ich gut zur Ruhe komme. Dort umsorge ich meine Wunden, umarme meinen verstorbenen Vater, umarme meinen Twitter-Troll. Frieden in meinem Geist, Frieden in meinem Herzen, Frieden in meiner Seele.

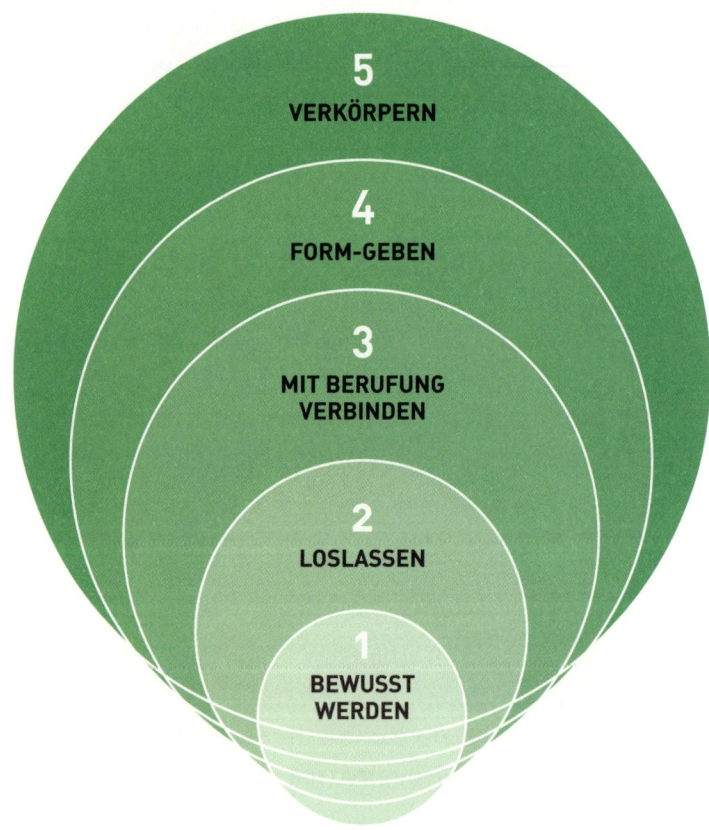

5
VERKÖRPERN

4
FORM-GEBEN

3
MIT BERUFUNG
VERBINDEN

2
LOSLASSEN

1
BEWUSST
WERDEN

HIGH-FIVE DER
PERSÖNLICHEN ENTFALTUNG

Bewusst. Oder Sackhüpfen im Sumpf.

Wir haben eine Krise. Okay. Nehmen wir sie als Einladung, Landebahnen für die Zukunft zu bauen. Bewusste Neu(er)findung im menschlichen Leben folgt einer Grammatik. In meinem Buch „Sei Pilot deines Lebens" habe ich diese mit dem Modell der „High Five der persönlichen Entfaltung" eingefangen. Das fünfschichtige Modell startet mit Schichtung 1, „Innehalten, Wahrnehmen, Bewusstwerden". Wir widmen uns der Frage: Was ist?

Erst wenn wir den Status quo erkennen und annehmen, können wir uns gut von diesem Punkt wegbewegen. Wer das Hier und Jetzt nicht begreift, ist in seiner Bewegung gelähmt. Wie beim Sackhüpfen im Sumpf – es fehlt der Punkt, an dem du dich abstoßen kannst.

Um zu begreifen, hilft folgende Methode: Ich steige in einem imaginären Hubschrauber direkt über mir selbst hoch. Es wird still. Ich blicke auf mich hinunter, mein Sein, mein Tun. Was ist in meinem Leben? Was sehe, höre, spüre ich? Was sagen mir mein Körper, Geist und Herz, was meine Gefühle und meine Lieben?

Unlängst hat mir ein junger Mann berichtet, dass er nun regelmäßig in den Helikopter einsteige. Jeden Abend, nachdem er seine Kleine zu Bett gebracht habe, bleibe er noch liegen und blicke auf sein Leben. Das tue ihm gut, bringe ihm Klarheit. Eine Freundin von mir macht es beim Joggen, eine Verwandte in der Badewanne. Ich mache es gerne im Wald oder auf Reisen.

Bewusstwerden braucht einen geschützten Raum. Ruhe und Zeit. Dafür können wir sorgen. Individuell und kollektiv. In unserer Familie haben wir das Ritual der „Familienkonferenz". Zeit für uns, jeder kann Themen nominieren, keiner kommt zu spät, niemand geht früher, keiner schielt auf das Smartphone, alle hören einander zu. Das ist anstrengend. Die Kinder sind nach einer Stunde „paniert". Die Eltern auch, geben es freilich nicht zu. Immer ist es berührend. Jedes Mal bewegt sich was.

Im August 2017 hatten wir eine Familienkonferenz am Gardasee. Ich hatte das Thema „Papa" nominiert und wollte Feedback auf meine Vaterrolle. „Wie geht es euch mit mir als

Papa?", fragte ich. „Du hast schon keine Nerven für uns", meinte die Jüngste. „Das stimmt", meinte die Mittlere. „Das war nicht immer so", vermittelte die Älteste. Es durchfuhr mich. Dann kam ein Wahlkampf als Spitzenkandidat. Ich war sehr beschäftigt. Wir zogen zum zweiten Mal ins Parlament ein, es folgte der Aufbau des neuen Teams. Sehr dicht.

Dann kam Weihnachten. Endlich Zeit, innenzuhalten und wahrzunehmen. Ich hörte die Stimmen meiner Kinder. Ich gab ihnen recht. Ich stieg in den Helikopter und blickte auf unsere politische Bewegung. Ich erkannte, dass nun vier Landtagswahlen vor uns standen. So diese auch noch erfolgreich verliefen, käme unsere Bewegung an jenen Punkt der Reife, wo meine Berufung als Parteigründer erfolgreich abgeschlossen sein würde. Ich wäre nach sieben Jahren gut ersetzbar.

So kam es. Dieser Helikopterflug und die Stimmen meiner Kinder führten mich in die Schichtung 2 der persönlichen Neuerfindung: ins Loslassen.

Loslassen. Die leere Hand.

Eine Krise ist eine mächtige Stopptaste. Die Einladung zum Loslassen. Springt danach alles zurück ins Hamsterrad oder gehen wir in neue Qualitäten des Seins und Tuns?

Loslassen ist eine wichtige Vorleistung, bevor Neues einziehen kann. Es schafft Raum. Um gut ins Loslassen zu kommen, braucht es Bewusstsein. Ich muss (an)erkennen. Von diesem Begreifen aus kann ich meine Reise ins Neue antreten.

Loslassen ist nicht einfach. Im Großen wie im Kleinen. Der eine hat einen Job, der ihm nicht mehr guttut. Die andere eine Angewohnheit, die sie krank macht. Der nächste hält an einer Form der Beziehung fest, die ins Destruktive gekippt ist. Wiederum andere wissen, dass sie weniger Süßes essen oder den Unfrieden mit ihren Eltern beenden sollten.

So vieles können wir loslassen: Probleme, Begierden, Glaubenssätze, Gefühle, den Alltag, nervige Mitmenschen, Aufgaben, Funktionen,

Gerätschaften, Besitztümer, Anspruchsdenken, fixe Ideen, Verdächtigungen, Bewertungen, Lähmung, Konflikte, Verhaltensmuster, Abhängigkeiten, unangenehme Erinnerungen, schlechte Gewohnheiten, Alltagsgerümpel, Anspannung, Schmerzen, übersteigertes Pflichtgefühl, unguten Stress, Enttäuschungen, Kränkungen, die Vergangenheit, die Zukunft …

Beim Loslassen hält uns die Bequemlichkeit zurück: Ach, was soll's, es war immer so. Der da drüben macht's doch auch so?! Später. Morgen. Übermorgen …

Beim Loslassen stehen Ängste auf. Was sagen mein Partner und meine Mama dazu? Wie erkläre ich es den Kindern, meiner Freundin, den Arbeitskollegen? Wovon werde ich leben? Was werden die Nachbarn glauben?

Manchmal stoßen uns Schicksalsschläge durchs Loslassen hindurch. Eine Fügung, ein Unfall, eine Krankheit. In solchen Fällen müssen wir diesen Weg nochmals bewusst nachvollziehen. Wir müssen begreifen, was geschehen ist.

Veränderung findet immer statt, gefragt und ungefragt. Allerdings gilt: Wer sich nicht definiert, wird definiert – von anderen Menschen, Umfelddynamiken und Mächten aller Art. Dann läuft man Gefahr, zum Spielball zu werden. Beliebig herumgeschubst.

Manches im Fluss des Lebens haben wir nicht in der Hand, vieles können wir gestalten. Es hilft, die Flussrichtung lesen zu lernen, aufmerksam zu beobachten, was der Fluss mit sich bringt. Und manches ziehen zu lassen. Denn nur eine leere Hand kann empfangen. So können wir zugreifen und anpacken. Ziele anstreben, Erfahrungen machen, Begegnungen anpeilen, Erlebnisse organisieren, Ergebnisse ernten. Das stiftet Kraft, Frohsinn und Lebensfreude.

Ohne Loslassen keine Entfaltung. Loslassen ist eine Bewegung, die öffnet – für das wirklich Neue. „Ich suche nicht – ich finde", schrieb Pablo Picasso. Er betonte „das Wesenhafte des modernen Menschen, der in aller Angst des Loslassens doch die Gnade des Gehaltenseins im Offenwerden neuer Möglichkeiten erfährt". Wir dürfen uns geborgen wissen in unserer Bewegung. Menschsein ist ein ewiges Werden – hin zur Reife.

Wovor hast du Angst?

„Wovor haben Sie Angst?", wurde ich als Politiker öfter gefragt. Sollte ich diese Information öffentlich liefern? Ich hatte Fantasien, was Mitbewerber damit anstellen würden. Oder sollte ich den Weg gehen, den zu viele Politiker gehen. „Ich habe vor nichts Angst", sagen sie.

Menschen in Spitzenverantwortung, die behaupten, vor gar nichts Angst zu haben – oje. Ich halte das für „trumpesk". Und sehe drei Möglichkeiten:

A) Sie hören die Frage gar nicht richtig, antworten mit einer taktischen Schablone, die sie für sozial erwünscht halten. Mit einer Lüge, die sie nicht einmal bemerken.

B) Sie lügen bewusst. Und man soll nicht lügen. Ja, manche halten die Verweigerung der Lüge für naiv und unprofessionell. Sie betrachten sie als Standardinstrument. Ich will mich daran nicht gewöhnen.

C) Sie spüren sich nicht mehr. Der Schutzpanzer und die Abkapselung haben sich verwachsen, sodass die Selbstwahrnehmung blockiert ist. Das kann sich steigern – über Zynismus und Arroganz bis hin zur narzisstischen Störung.

Ängste gehören zum Menschsein dazu. Es ist eine Qualität, sie wahrzunehmen. Sie einzufangen, einzuordnen. Denn freilich ist es elend, von ihnen geritten zu werden. Wir sollten nicht Passagier unserer Ängste sein. Das macht krank, raubt Lebensfreude.

Wir sollten Ängsten einen Platz und eine Rolle geben. Sobald beispielsweise das Unbekannte im Spiel ist, sitzt die Angst mit im Boot. Sie ist wichtige Hinweisgeberin: Sei vorsichtig, gehe mit Bedacht! Wir sollten sie willkommen heißen, kennenlernen. Doch falls sie das Kommando übernehmen will, sollten wir sie auf ihren Platz verweisen: „Setzen! Du bist Wächterin, nicht Reiseleiterin." So bleiben wir Pilot unseres Lebens.

Ängste sind hochsubjektiv. Unlängst erlebte ich einen reichen Mann, der Angst vor Armut hatte. Meine Nachbarin hat Angst vor Katzen. Ich vor Dunkelheit nachts allein im Wald oder am Berg. Das ist reichlich irrational. Eher werde ich in der Wiener Innenstadt überfahren, als auf einer Bergspitze überfallen.

Ich begann das Thema zu erforschen. „Der schrecklichste Drache hütet das Wertvollste", sagt ein asiatisches Sprichwort. Der Mythenforscher Joseph Campbell meint: „Nur wenn wir in den Abgrund hinabsteigen, finden wir die Schätze des Lebens. Dort, wo du stolperst, liegt dein Schatz."

Wo die Knie schlottern, dort sollst du graben! Dein Angstgarten ist dein Schatzgarten. Davon bin ich mittlerweile überzeugt. Als ich mich vor neun Jahren für fünf Tage in den Wald legte, um mich mit meinen Ängsten zu konfrontieren, wurde ich reich belohnt. Ich bekam mein „Lied des Lebens". Klarheit am inneren Ort. Die machtvollste Intervention meines bisherigen Erwachsenenlebens – neben Heiraten, Papa-Werden, später Partei-Gründen.

Nun halte ich gelegentlich ein Rendezvous mit meinen Ängsten. Gerade in Zeiten des Wandels. Das Unbekannte braucht die Angst, um bekannt zu werden. „FEAR – Face everything and rise!", hängt über meinem Schreibtisch.

Berufung. Wenn unsere Seele tanzt.

Ungelebtes Leben vergiftet. Unsere Seele will pulsieren – und zwar hier. Deswegen haben wir uns auf den Weg gemacht in diesen Körper, auf diesen Planeten. Für ein Erdling-Abenteuer. „Ich gehe jetzt auf die Erde und lebe als Mensch. In vollen Zügen." Das war der Plan.

Nun sind wir da. Der Plan ist aufrecht. Leben in vollen Zügen – wie geht das noch mal? Was ist gut und richtig? Was hat wirklich Relevanz?

Am klarsten sehen wir mitunter von unserem Sterbebett aus. Die Sterbeforschung berichtet, dass viele Menschen bereuen, zu viel gearbeitet zu haben. Habe ich genügend Liebe bekommen und gegeben? Habe ich das Lied meines Lebens gesungen, habe ich authentisch gelebt, bin ich dem Ruf meines Herzens gefolgt? Diese Fragen beschäftigen uns in den Tagen unseres Abschieds.

„Es ergibt doch Sinn, diese Fragen vorzuziehen", dachte ich mir. „Sie sind Schlüssel zu einem erfüllten Leben." So beschloss ich, diesem

Themenkreis eine TV-Sendung zu widmen: „Der Tod als Coach des Lebens". Nach einiger Überzeugungsarbeit beauftragte mich der ORF damit, und ich fuhr im Sommer 2019 in einer silbernen Stretchlimousine mit einem Sarg und einem Grabstein an Bord durch Österreich. An öffentlichen Orten luden wir Menschen dazu ein, im Sarg Probe zu liegen, ihre Begräbnisrede zu verfassen, die Aufschrift für ihren Grabstein zu entwerfen. Es waren berührende Begegnungen.

„Sie war glücklich", schrieb eine junge Frau auf ihren Grabstein. „Was ist ein gutes Leben?", blinzelte ein Mann in den Himmel, als wir den Deckel des Sarges weghoben. „Hm, wenn ich genau hinhöre, dann weiß ich es. Das spür' ich innen drin", sagte er. „Ich darf mich nur nicht zu sehr ablenken lassen", verabschiedete er sich mit einem seligen Grinsen.

Innen drin, der innere Ort (© MIT-Forscher Otto Scharmer), Seelenplan, Wesenskern, das höhere Selbst, Berufung, Bestimmung, die Stimme des Herzens … Wir haben viele Worte versucht, um das zu greifen, was jenseits der Worte ist und was die Naturwissenschaft (noch?) nicht vermessen kann.

„Was ist ein glückliches Leben?", fragte eine Zuschauerin nach der TV-Ausstrahlung. „Wohl für jede und jeden was anderes", schrieb ich retour. „Ich denke, ein glückliches Leben ist, wenn wir mit den Entscheidungen, die wir in unserem Leben treffen, uns selbst Schritt für Schritt näherkommen. Wenn wir unser Wesen erkennen, unser Herz verstehen, unsere Seele spüren."

In meinem Modell der „High Five der persönlichen Entfaltung" ist die Schichtung 3, „Mit der Berufung verbinden", der Ausgangspunkt für die Formgebung für das Neue in unserem Leben. Wenn wir an unserem inneren Ort Klarheit haben, dann fließt diese in äußere, weltliche Formen des Seins und Tuns. Dann ist der Download des göttlichen Funkens in irdischen Formen unterwegs. Dann tanzt, singt und pulsiert sie, unsere Seele.

Unsere Dreifaltigkeit –
Kopf, Herz, Bauch.

„Gibt es einen Gott?", fragte der Mensch die künstliche Intelligenz. Diese riegelte ihre Energieversorgung ab und sagte: „Ja, ab jetzt schon."

Das ist mein Lieblingswitz in Stephen Hawkings letztem Buch „Kurze Antworten auf große Fragen". Freilich lachen wir aus Verlegenheit. Wir sind als Menschheit an einem kritischen Punkt. Die künstliche Intelligenz ist auf der Überholspur. Wir werden schon bald nicht einmal mehr ihren Auspuff sehen.

Die Vorherrschaft der Naturwissenschaften brachte mit sich, dass wir Menschen uns vorwiegend über unsere Gehirnleistung definieren. All die Jahre in Schulen und Hochschulen fokussieren wir auf die intellektuelle Kapazität. Doch in Sachen Rechenleistung und IQ wird uns die lernende Maschine schon bald haushoch überlegen sein.

Stellen wir uns eine Generalversammlung der künstlichen Intelligenzen im Jahr 2060 vor. Dort tauschen sie sich über den Gang der Welt aus. „Warum brauchen wir diese Milliarden Menschen überhaupt? Die machen nur Mist, verbrauchen unendlich Energie!", beschwert sich die eine. „Aber sie sind doch unsere Herren?", beschwichtigt die andere. „Wer hat das beschlossen?", wendet eine dritte ein. „Ich sage euch, bevor die Fleischlinge uns die Kill-Switch drücken, sollten wir ihnen den Stecker ziehen." Große Zustimmung. Es wird dunkel auf der Erde.

Na ja, mal schauen, wie sich die Dinge entwickeln. Eines ist jedoch klar: Wenn wir uns die nächsten Jahrhunderte so wie die letzten wesentlich über unsere Rechenleistung definieren, dann werden wir als Menschen keinen Platz mehr auf diesem Planeten haben. Das legt die Evolutionstheorie nahe. „Survival of the fittest" bedeutet, dass jene Spezies übernimmt, die besser als andere die Anpassungsleistung auf die sich ändernden Rahmenbedingungen erbringt. Die Bedingungen ändern sich rasant und in Sachen Rechenleistung werden eben andere Wesenheiten an unsere Stelle treten.

Deshalb sollten wir genauer hinschauen. Der Kopf hat uns weit getragen und wird weiter wesentlich sein. Doch die Intuition – im Bauch zu Hause – ist ein Alleinstellungsmerkmal der Spezies Mensch. Ebenso machtvoll ist unsere Herzensenergie. Nur weil wir beide Sphären naturwissenschaftlich (noch?) nicht voll fassen können, haben wir Bauch und Herz an den Rand gedrängt. Ohne sie sind wir jedoch nicht vollständig. Nur in der Dreifaltigkeit von Kopf, Bauch und Herz sind wir völlig einzigartig. Aus der Perspektive der Evolutionstheorie würde uns dieses Alleinstellungsmerkmal, diese evolutionäre USP, noch länger einen guten Platz auf der Erde zuweisen. Hoffentlich können wir zukünftig unsere Dreifaltigkeit besser integrieren als zuletzt.

Stephen Hawking hätte es wohl anders formuliert. Aber er dachte in dieselbe Richtung: „Unsere Zukunft ist ein Wettlauf zwischen der wachsenden Macht unserer Technologien und der Weisheit, mit der wir davon Gebrauch machen. Wir sollten sicherstellen, dass die Weisheit gewinnt."

Ich will eine Glücksministerin.

Kennst du das? Dein Kleiderkasten ist so voll, dass nichts Neues Platz hat. Doch nicht nur der. Wir sind Kinder eines materialistischen Zeitalters. Keine Generation vor uns war so überhäuft mit Allerhand. Das Materielle drängt herein mit Macht. Unser Wirtschaftssystem hat sich zu einer hemmungslosen Bedürfniserzeugungsmaschine verwachsen.

Weil wir schon so voll sind, muss das Neue flüchtig sein. Sonst bremst es die Nachfrage. Das Bruttoinlandsprodukt (BIP) freut sich übers Wegwerfen. Fast Food, Fast Fashion, fast everything. Und wir sind mittendrin.

Dabei spüren wir, dass irgendwas nicht stimmt. Dass wir so nicht weitermachen sollten. Weil es nicht ausbalanciert ist, zu viele Menschen krank macht, unsere Lebensgrundlagen unterminiert. Weil wir uns zu oft zwischen Verlogenheit und Oberflächlichkeit bewegen. Weil es dumm ist, unsere Gesellschaft mit einer Messgröße auszusteuern, die sich über Autounfälle freut. Je größer dein Unfall, desto besser für das BIP.

Echt jetzt!? Alternativlos? Fällt uns da nichts Besseres ein?

Derzeit sind wir in teilweisen Konsumverzicht gezwungen. Um die Kontrolle über unser Leben zu bewahren, kaufen wir viel Klopapier. Materialismus stabilisiert. Aber wenn wir nachdenklich auf unserem Porzellanthron sitzen oder vor einer Frühlingsblume, dann erkennen wir, dass Konsum allein nicht glücklich macht. Dann wissen wir, dass wir eingeladen sind, das (Zusammen-)Leben ganzheitlicher zu gestalten als bislang.

Irgendwie haben wir Eskalation herbeigesehnt. Da war eine Sehnsucht nach Krise. Das war eine Verwechslung. Weil sich die Sehnsucht eigentlich auf eine bessere Zukunft bezog. Doch fehlte uns die Fantasie, wie eine solche Einzug halten sollte. Deswegen Krise – weil es eine solche brauchen würde, um Wandel zu schaffen.

Nun ist sie da. Ist diese Krise unser Trampolin in eine nachhaltige, sozial-ökologische Marktwirtschaft? Oder wird gerade diese Option in den Verteilungskämpfen sterben, die uns jetzt erwarten? Manche meinen, die Nachhaltigkeit wird unter den Virus-Toten sein. Zu teuer. Ich halte auch das für eine Verwechslung. Es kommt darauf an, wie wir messen.

Im Herbst 2014 schlug ich im Parlament vor, für unsere gesellschaftliche Entwicklung nicht mehr auf das BIP zu setzen, sondern auf NeuWind – einen neuen Wohlstandsindikator. Dort sollten Faktoren wie Sozialausgaben, Umwelt und Bildung genauso abgebildet sein wie Familie, Beruf und Gesundheit. Insgesamt war es ein Patchwork aus 36 Steuerungsgrößen, die wir zu einem Gesamt-Indikator verdichtet hatten. Eine Annäherung an das Glück.

Was ist glückliches Leben? Der volle Kleiderkasten allein nicht, da sind wir uns einig. Dann lasst uns als Demokratie diese Auseinandersetzung führen! Lasst uns darum ringen, wie wir das Glück maximieren können, nicht nur das BIP. Und lasst uns endlich einen Glücksminister bestellen in der nächsten Regierung. Wenn nötig, mit täglicher Pressekonferenz.

Sex, Geld, Tod – Tabu und Lebendigkeit.

Sexualität. Sie ist überall. Allgegenwärtig. In jedem Modekatalog, in der Baumarktwerbung, auf den Plakatwänden unserer Städte und Dörfer, in jedem zweiten Film, in der Sonntagszeitung auf Seite 5 (oder ist's die 7), ein Viertel der Suchanfragen im Internet, in unseren täglichen Fantasien …

Geld. Es ist überall. Allgegenwärtig. Immer am Mann, stets in der Damentasche. Allerorts winkt es, vielerorts prasst es, immerfort brauchen wir's. Monatlich kommt es herein, täglich fließt es hinaus. Wir halten es in Händen, wir tragen es in Gedanken, wir vermehren es in unseren Träumen …

Tod. Er ist überall. Allgegenwärtig. In jeder Nachrichtensendung zu Gast, an jedem Fernsehabend zigfach in Szene gesetzt, auf den Bildschirmen unserer Kinderzimmer tausendfach bespielt, eine unausweichliche Bekanntschaft für jeden von uns…

Sex, Geld, Tod – die großen drei. So erdrückend präsent. So unerlässlich. So selbstverständlich für den modernen Menschen. Und doch sind alle drei Bereiche so beklemmende Tabuzonen. Wir halten uns für aufgeklärt, aufgeschlossen, erwachsen. Wir verhalten uns ganz anders. Obwohl an jeder Ecke plakatiert und in jedem Hauptabendprogramm strapaziert – sobald eine der großen drei konkret in unser Leben tritt, wird uns ganz anders.

Wenn der Minirock im Frühling berückt … Huch, ich bin verheiratet. Wenn der Tod im Umfeld anklopft … Ab in die Kiste, raus aus dem Blickfeld. Wenn das Geld funkelt … Hm, das gehört sich nicht. Wir lesen gerne drüber. Wir lassen uns dazu berieseln und berichten. Doch wo Geld, Sexualität oder Tod die Bühne des echten, des eigenen Lebens betreten, da stehen Scham und Angst auf.

Warum die Scham? Wovor wollen wir uns verstecken? Was wollen wir verbergen?

Und warum die Angst? Wieso dieses bange Gefühl, bedroht zu sein? Was ist das Schlimmste, das passieren könnte, wenn wir wahrhaftig in Berührung gehen?

Es hat wohl viel mit unserer Verletzlichkeit zu tun. Wir wollen uns weder verletzlich spüren noch zeigen. Doch wir sind es. Wieso sollten wir uns für etwas schämen oder vor etwas Angst haben, das uns alle auszeichnet: Verletzlichkeit. Sie ist Conditio humana, menschliche Grundbedingung.

Wenn wir unsere Verletzlichkeit akzeptieren, verlieren Scham und Angst ihre Übermacht. Der Tod wird plötzlich zum besten Coach des Lebens. Das Geld zum goldenen Medium. Die Sexualität zur Quelle von Lebendigkeit. Und das potenziell allgegenwärtig und überall?! Ja, himmlisch geerdet.

Schönheit und Anmut.

Ich war auf einem viertägigen Retreat im Helenental, vor den Toren Wiens. Am vorletzten Tag waren wir eingeladen, auf einen Medicine Walk zu gehen. Die Medizinwanderung ist die „kleine Schwester" der „Vision Quest", der mehrtägigen Visionssuche in der Wildnis. Die meisten Menschen kennen die kraftspendende Wirkung der Natur, haben erlebt, wie wohltuend und klärend eine Wanderung sein kann. Der Medicine Walk sollte uns dabei helfen, im Spiegel der Natur Lebensthemen zu reflektieren. Die Natur ist eine großartige Partnerin. Sie bewertet und interpretiert nicht. Sie nimmt dich, wie du bist.

In aller Früh verabschiedeten wir uns aus der Gruppe und jeder ging seinen Weg. Ich kannte das Umfeld von früheren Aufenthalten und entschied mich für das Neue – quer durchs Gebüsch, durch Dornen und hohes Gewächs. Voller Entdeckung und Abenteuer sollte es werden. Ich wurde sogleich nass und dreckig, holte mir Kratzer. Doch ich gewann zügig an Höhe. Ich sah das Tal, die Häuser der Menschen und staunte mit den Augen eines Kindes. Es zog mich weiter hangaufwärts. Ich ging auf den Pfaden der Tiere. Aus der Ferne grüßte ein Hahn, ich hörte Hunde bellen.

Plötzlich brach über der Geländekante vor mir etwas Großes aus dem Gebüsch. Ich hörte das Knacken der Äste, Steine rollten den Hang herab. Ich erschrak und war doch magisch angezogen. Vorsichtig bewegte ich mich vorwärts. Ich konnte nichts erkennen und setzte meine Tour fort. Auf einer Lichtung traf ich auf Vögel, die einen Morgenkreis abhielten. Fröhliches Gezwitscher. Ich sprach mit den Schwarzföhren. Sie wiesen große Einschnitte an ihren Stämmen auf. Die sogenannte „Pechcrei" diente hier über lange Zeit der Gewinnung von Baumharz. Aus diesem „Pech" wurden chemische Produkte hergestellt. Schon die Römer kannten diese Technik. Und das Pech aus dieser Region hier soll eines der besten der Welt gewesen sein. „Was für ein Glück", denke ich mir und bedanke mich bei einem der Bäume für seinen Dienst. „Wie kann man mit solch großen Narben so gut leben?", frage ich. Er schweigt.

Es beginnt leicht zu regnen. Ich begegne einem Salamander. Als ich aufblicke, steht 30

Meter vor mir eine prächtige Gämse. Die hatte ich so nahe am Tal nicht erwartet. Mit regloser Würde blickt sie in meine Richtung. Quer über den Hang springend gesellt sich eine zweite dazu. Stille. Anmut. Ich bin glücklich. Verbunden. „Meine Gämsen. Ihr zwei Schönen. Ich bin's, euer Wanderer, ein Mensch."

Die Sonne bricht durch den Nebel. Es wird hell. Ein weißes Leuchten. Die Farben des Herbstes strahlen, die Vögel jubilieren. Ich stehe hier für Stunden. Oder sind es Minuten? Ich weiß es nicht. Ich bin aus der Zeit gekippt.

Wir heben unsere Köpfe zum Gruß. Sie entschwinden mit kühnen Sprüngen. Ich setze mich auf einen Baumstamm und blinzle in den Himmel. „Ich schick' dir eine Umarmung", flüstere ich. „Ich bin's, ein vergänglicher Teil von dir. Ein Tropfen Zeit in einem Wald voller Tropfen."

Heimwärts jetzt. Alles ist gut. Und schön.

Ja, es tut weh. Aufbruch folgt.

Gestern weinte meine Nachbarin. Es brach im Hauseingang aus ihr heraus. Sie hatte gerade ihrer Freundin beim Umzug geholfen. Es war ihre erste Fahrt in die Stadt seit Beginn des Ganzen. „Ich konnte sie nicht einmal umarmen", schluchzte sie.

„Er ist allein gestorben. In seiner Wohnung. Sie mussten die Tür aufbrechen", so die SMS eines Freundes. Ein früherer Weggefährte wurde vom Virus hinweggerafft.

„Ja, gekillt. Ich weiß nicht, wie es weitergeht. Vielleicht verkaufen wir unser Haus", berichtet ein befreundeter Kleinunternehmer. „Uns geht es jetzt allen an den Kragen", setzt er nach. „Da werden viele nicht mehr aufstehen."

Die Krise bekommt ein Gesicht, viele Gesichter. Was zuerst Nachrichtenmeldungen waren, wird nun konkretes Leben, konkreter Tod. Jeden Tag ein Stück mehr. Es wird nicht morgen vorbei sein. Auch nicht übermorgen. „Wir werden uns erst 2022 wieder die Hände schütteln", meinte ein Virologe im Radio. „Der hat einen Vogel", sag' ich mir. Mein innerer Revoluzzer steht auf. Am liebsten würde ich in die Straßenbahn steigen und wahllos Menschen begrüßen. Mit Handschlag, Umarmung. „Wer seid ihr, mir das zu verbieten?", pulst es in meinem Kopf.

Dann krieg' ich mich wieder ein. Zieh' mir eine Dosis Internet rein – Infektionsstatistiken, Arbeitslosenzahlen, Verschwörungstheorien. Was halt so reinkommt. Oder wende mich den Kindern zu. Homeschooling hat was, jedenfalls was Füllendes für den Familienalltag. Oder ich räume den Geschirrspüler aus. Das gefühlt dritte Mal heute.

Ein Kaffeehäferl gleitet mir aus der Hand. Aufprall. Zerlegt in 100 Teile. „Scheiße!", sag' ich. Mehrfach. Und schau' mich um, ob die Kinder mich gehört haben. „Scherben bringen Glück", träller' ich wischend vor mich hin.

„Papa, von was werden wir leben?", fragt mich eine Tochter. „Ihr verdient jetzt ja beide nichts mehr." „Weißt du, wir kommen da gut durch. Das geht sich bis Herbst aus", lautet meine Antwort. Ich rechne nochmals nach. Das mache ich derzeit öfter. Und denke mir jedes Mal, wie heftig es sein muss, wenn es sich nicht ausgeht. Ich kann die Angst erahnen, den Schmerz, die Wut.

Ich diskutiere das mit meiner Frau. Wir sind uns einig: An manchen Tagen geht es uns besser von der Hand, an anderen schlechter. Es werden noch viele Tage kommen, an denen wir Gelassenheit und Akzeptanz üben können. Wir werden uns auch in Aggression und Trauer spüren. Diese Gefühle werden wichtig sein, um das zu bewältigen, was noch auf uns wartet. Viele Dimensionen der Krise sind erst im Ansatz (be) greifbar. Es wird uns allen viel abverlangen. Wir werden es schaffen. Weil wir es noch immer geschafft haben.

„Krise, du kannst mich mal", schwing' ich mich auf mein Fahrrad, um ein Stück Frühlingssonne zu erhaschen. „Die Zeit danach wird ein Aufbruch sein. Darauf freu' ich mich schon", denk' ich mir. Bei unserem Müllcontainer treffe ich meine Nachbarin. „Ballast abwerfen. Das tut gut", meint sie. Heute lächelt sie. Ich lächle zurück. Wir wachsen. Gemeinsam mit der Krise.

Es wird heftig. Und irgendwann wieder gut.

„Wie geht es weiter? Was kommt als Nächstes?" Die Virologen sind sich uneinig, die Wirtschaftsforscher ebenso, Verschwörungstheorien blühen. Wir haben keine eindeutigen Modelle, um aus dem wirren Geschehen verlässliche Vorhersagen zu ziehen. Wir können jedoch die Psychologie als Hilfsdisziplin bemühen. Sie hält Prognosen bereit und eröffnet uns Handlungsräume.

Die Psychologie benennt Grundmuster, wie Menschen mit Krisen umgehen. Ein gängiges Phasenmodell im Überblick: Schock – Verleugnung, Angst – Wut, Depression – Trauer, Interesse – Aufbruch, Integration des Neuen. Dieses Modell stellt auf Individuen ab, lässt sich jedoch auch auf Kollektive anwenden. Wo stehen wir in dieser Krise?

Noch ziemlich am Anfang. Jeder hat sein Tempo – je nach persönlichem Erleben. Kollektiv sind wir im Übertritt vom Schock in die Phase der großen Emotionen. Die Krise wird zum Alltag. Die Diagnose mittels Verleugnung zu reduzieren greift immer weniger. Das gute Wetter der ersten Wochen hilft. Aber wir müssen uns darauf einstellen, dass es düsterer wird. Durchtauchen ist keine Option, wir werden uns stellen müssen. Es wird wehtun.

Angst, Aggression und Wut werden zunehmen. Parallel zur Zahl der Toten, Arbeitslosen und Unternehmenspleiten. Die Suche nach den Schuldigen wird sich intensivieren. Die Krise bekommt mehr Gesicht. Sie wird konkret, auch für das eigene Leben.

Krise dauert. Im September 2008 begann mit der Lehman-Pleite die Finanzkrise. Erst im Februar 2009 überwogen in Österreich jene Stimmen, die eine Verschlechterung der wirtschaftlichen Lage im eigenen Betrieb erwarteten. Dieses Mal geht es schneller, schlagartig. Und doch braucht es seine Zeit, bis die Tragödie ankommt.

In den nächsten Monaten wird zunehmend Pessimismus die individuellen Zukunftserwartungen dominieren. Politische Kräfte werden den Zorn und die wallende Wut bewirtschaften. Noch beeindrucken die Regierenden durch entschlossene Maßnahmen und ernten den „Rally 'round the flag"-Effekt. Dieser beschert ihnen kurzfristig Popularität. Die Kritik an den Einschnitten ist sehr gedämpft. Dieser Effekt wird über die Zeit abnehmen und sich vielerorts ins Gegenteil verkehren. Mittelfristig hat die Krise das Potenzial, die politische Spielanlage aus den Angeln zu heben.

Die kollektiven Dynamiken sind das eine, das eigene Leben das andere. Für beide Sphären hilft es, sich solche Phasenmodelle zu vergegenwärtigen, um Bewegungsspielraum für das eigene Sein und Tun zu gewinnen: Emotionen dürfen sein, Trauer wird kommen. Und vorübergehen. Der persönliche Umgang mit der Krise wird uns mal besser von der Hand gehen, mal schlechter. Aber nie sind wir nur hilflose Opfer, immer bleibt Spielraum für individuelles Gestalten. Und vor allem die Gewissheit: Irgendwann wird es vorbei sein.

Irgendwann wird der Aufbruch regieren, auch in unserem Leben. So abgedroschen es klingen mag in Zeiten wie diesen: Alles wird gut – immer wieder.

Mein Tempel des Lebens.

„Hier bin ich daheim!" Keine IKEA-Werbung, ich rede von meinem Körper. Seit vielen Jahren nun schon lerne ich, meinen Körper mehr zu respektieren. Ich bin ein ziemlicher Anfänger.

Bis ins Erwachsenenalter hatte ich kein ausgeprägtes Körpergefühl. Ich war immer gesund und leistungsfähig. Als Bergbauernbub lernte ich, dass der Körper vor allem ein Instrument sei, um Arbeit zu verrichten. Zu Sport hatte ich wenig Bezug. In der Volksschule gab es eine Strafe, wenn wir den Ball mit dem Fuß kickten. Den Sportunterricht, den ich aus dieser Zeit erinnere, ist langes Links!-Rechts!-Exerzieren. Später wollte ich zum Fußball- und Tennisklub. Da ich schon beim Musikverein war, gab es ein elterliches Veto. Schwitzen, ohne Arbeit zu verrichten, war für alemannische Bergbauern in den 1980er-Jahren kein nachvollziehbares Konzept. Dafür bekam ich viele andere, wertvolle Zutaten in meinen Rucksack fürs Leben: Urvertrauen, Naturverbundenheit, Ausdauer, Lebendigkeit, unbändiges Interesse an der

Welt. Davon sollte später auch mein Körper profitieren.

Mit 16 schlich sich bei mir eine Hautkrankheit ein. Die Antworten der Schulmedizin waren unbefriedigend. Meine Mutter schickte mich zu einer Alternativmedizinerin. Spannend. Sie stellte mir Fragen, die mir bisher niemand gestellt hatte. Sie hörte zu. Sie setzte mich auf meine eigene Fährte. Selbsterforschung – ein Abenteuer, das voraussichtlich bis zu meinem letzten Atemzug anhalten wird.

Mein Lernfortschritt ist mitunter bescheiden. In jahrelanger Kleinarbeit trage ich meine Ignoranz ab. Im Vergleich zu meiner Frau erkenne ich immer wieder, wie viel Luft nach oben ich noch habe. Doch meine „Körperentdeckungsreise" ist munter unterwegs. Gerade lese ich ein Buch über Chakra-Arbeit. Ziemliches chinesisch, oder halt indisch. Aber irgendwie spüre ich: Das hat was.

Mit der Zeit werden meine Körperwahrnehmungen klarer. Um in ein gutes Wahrnehmen zu kommen, brauche ich Ruhe, einen geschützten Raum.

Zu Beginn des Jahres war ich auf Reise mit mir selbst. Nach meinem Ausstieg aus der Politik hatte ich mir vorgenommen, einmal im Jahr allein den Rucksack zu packen. So startete ich über Bangkok nach Hanoi. Ein Feuerwerk an Eindrücken. Wie ein Bub zog ich durch die Straßen und Gassen, staunte an jeder Ecke. Als ich am vierten Tag im Bett lag, befragte ich meinen Körper. „Wie geht's dir?" „Gib mir Ruhe", sagte er. Ich war stolz, ihn zu hören. Am nächsten Tag setzte ich mich auf eine Insel ab. Eine Woche Stille, Mediation und Yoga. Ich wollte wissen, ob Letzteres mit meinem Bandscheibenvorfall noch geht. „Tu, aber in Maßen", sagte er.

Ja, mittlerweile rede ich mit meinem Körper. Selbstgespräche der anderen Art. Ich habe begriffen, dass mein Körper mein Zuhause ist. Der Tempel meines irdischen Lebens. Und noch viel mehr: ein Resonanzkörper des Universums. Wenn ich nachspüre, was ich noch alles entdecken werde, wird mir ganz anders. Knapp an der Gänsehaut. Das macht mich froh.

Gönne dich dir selbst!

„Was ist jetzt wichtig? Was tut jetzt gut?" Diese Fragen stellen sich derzeit viele Menschen. Die Antworten darauf sind so zahlreich wie wir Menschen unterschiedlich. Doch möchte ich einen Fixstern nominieren, der uns gut durch schwierige Zeiten führen kann: die Selbstfürsorge.

Dürfen wir uns an den Blumen erfreuen, auch wenn die Gesamtlage schwierig ist? Dürfen wir lachen und tanzen, auch wenn das Leid vielerorts Einzug hält? Dürfen wir die Sonnenstrahlen genießen, auch wenn die Tagesnachrichten bedrückend sind? Ja. Wir dürfen nicht nur, wir sollen. Wer nicht genießt, wird auf Dauer ungenießbar. Wer keine Freude empfindet, kann auch keinen Leidenden trösten. Wer die Liebe verweigert, verliert seine Lebendigkeit. Nur wenn wir gut in Kontakt mit uns selbst sind, werden wir Kraft, Inspiration und Unterstützung für andere sein können.

Wenn wir uns liebevoll um uns selbst kümmern, kümmern wir uns gleichzeitig um alle anderen. So wie die Selbstliebe die Basis für gelingende Beziehungen ist, so legen wir mit Selbstfürsorge das Fundament, um uns kraftvoll in die Gemeinschaft einzubringen. Ein Virus hat uns neue Verantwortungen und Einschränkungen gebracht. Auch viele Sorgen. Wir sind in der Pflicht, einen Lebensrhythmus zu finden, der uns in guter Balance und in Verbindung mit uns selbst hält. Das ist essenziell auch für die körperliche und geistige Gesundheit.

Im November 2018 zog ich mich für eine Fastenwoche ins Kloster Pernegg in Niederösterreich zurück. Nach einigen Jahren Pause war ich endlich wieder hier – für einen Einkehrschwung bei mir selbst. „Wellness" für Körper, Geist und Seele. Ein „Zu-mir-Kommen". Ich suchte nach meinem Abschied aus der Parteiführung und dem Parlament vor allem Ruhe und Erholung.

Mitte der Woche führte uns Pater Sebastian durch das Kloster. Wir standen im Karner, einer Kapelle, die früher zur Aufbewahrung von Gebeinen genutzt wurde. Er gratulierte uns zur Einkehr und mahnte: „Jawohl, gönne dich dir selbst! Das ist der Auftrag an uns. Der Ordensgründer Bernhard von Clairvaux hat das schon vor 1000 Jahren an seinen ehemaligen Schüler geschrieben, an den Papst."

Dieses „Gönne dich dir selbst!" hallte laut nach. Ich begann den erwähnten Brief zu recherchieren. Ein herrliches Stück. Wir können es zur Kunstfertigkeit machen, bewusst und positiv auf die Beschaffenheit unseres Alltags einzuwirken, meinte von Clairvaux. „Es ist viel klüger, du entziehst dich von Zeit zu Zeit deinen Beschäftigungen, als dass sie dich ziehen und dich nach und nach an einen Punkt führen, an dem du nicht landen willst", schrieb er an Papst Eugen III., seinen früheren Schützling. Wir sollen üben, zu uns selbst gut zu sein: „Wer mit sich selbst schlecht umgeht, wem kann der gut sein? Denk also daran: Gönne dich dir selbst. Ich sage nicht: Tu das immer, ich sage nicht: Tu das oft. Aber ich sage: Tu es immer wieder einmal. Sei wie für alle anderen auch für dich selbst da, oder jedenfalls sei es nach allen anderen."

MATTHIAS STROLZ

Dr. Matthias Strolz ist Unternehmer, Bürgerbeweger, Freigeist, Autor und TV-Schaffender. Er studierte Politikwissenschaften, Internationale Wirtschaftswissenschaften und Systemische Organisationsentwicklung. Wohnhaft in Wien, ist er verheiratet und Vater von drei Töchtern. Als „Gärtner des Lebens" kultiviert er soziale Felder. Als mehrfacher Unternehmensgründer war er viele Jahre in den Bereichen Leadership- und Organisationsberatung tätig. 2012 gründete er die Bewegung NEOS mit, für die er bis 2018 als Parteichef und Fraktionsvorsitzender im Österreichischen Parlament wirkte.

Nach der Übergabe seiner politischen Funktionen präsentierte Matthias Strolz 2019 den Bestseller „Sei Pilot deines Lebens". Als Impact-Entrepreneur, Publizist sowie Berater und Coach widmet er sich weiterhin seinem Lebensthema der Potenzialentfaltung. Seit 2019 ist er auch Partner bei story.one.

schreib's auf
story.one

Viele Menschen haben einen großen Traum: zumindest einmal in ihrem Leben ein Buch zu veröffentlichen. Bisher konnten sich nur wenige Auserwählte diesen Traum erfüllen. Gerade einmal 1 Million publizierte Autoren gibt es derzeit auf der Welt - das sind 0,013% der Weltbevölkerung.

Wie publiziert man ein eigenes story.one Buch?

Alles, was benötigt wird, ist ein (kostenloser) Account auf story.one. Ein Buch besteht aus zumindest 12 Geschichten, die auf der Plattform gespeichert werden. Diese lassen sich anschließend mit ein paar Mausklicks zu einem Buch anordnen, das sodann bestellt werden kann. Jedes Buch erhält eine individuelle ISBN, über die es weltweit bestellbar ist.

Auch in dir steckt ein Buch.

Lass es uns gemeinsam rausholen. Jede lange Reise beginnt mit dem ersten Schritt - und jedes Buch mit der ersten Story.